LUCKY LUKE ⑫

LES COUSINS DALTON

Dessins de MORRIS
Scénario de R. GOSCINNY

DUPUIS

D. 1986/0089/216 — R. 5/2000.
ISBN 2-8001-1452-5 — ISSN 0771-8160
© Dupuis, 1958.
Tous droits réservés.
Imprimé en Belgique.

UNE FERME S'ÉLÈVE BIZARREMENT DANS UNE RÉGION DÉSERTIQUE DE L'ARIZONA...

..UNE FERME DÉLABRÉE AVEC UNE TRISTE BASSE-COUR...

.ET DANS CETTE FERME...

WANTED! BOB DALTON $ 50.000 DE RÉCOMPENSE

WANTED GRAT DALTON $ 30.000 DE RÉCOMPENSE

WANTED BILL DALTON $ 30.000 DE RÉCOMPENSE

WANTED EMMET DALTON $ 30.000 DE RÉCOMPENSE

AH! SI NOUS POUVIONS LEUR RESSEMBLER!

TU AS RAISON, JOE!

ILS ÉTAIENT BEAUX!...

NOUS ESSAYERONS D'ÊTRE DIGNES DE NOS ILLUSTRES COUSINS!...

WANTED! JOE DALTON RÉCOMPENSE : $ 5

QU'UN DESTIN TRAGIQUE A RAVIS PRÉMATURÉMENT À LA HAINE DE LEURS CONCITOYENS...

WANTED WILLIAM DALTON RÉCOMPENSE : $ 2,50

NOUS AVONS DU TRAVAIL A FAIRE, MAIS NOS GRANDS ANCIENS SERONT FIERS DE NOUS

WANTED JACK DALTON RÉCOMPENSE : UN OBJET D'ART PLÂTRE VÉRITABLE.

QUAND EST-CE QU'ON MANGE?

AVERELL DALTON NOT WANTED

ET PAR-DESSUS TOUT, NOUS AVONS LE DEVOIR DE VENGER NOS COUSINS DE L'INFÂME QUI A PROVOQUÉ LEUR PERTE!!

LUCKY LUKE LE HÉROS QUI NOUS A DÉBARRASSÉS DES FRÈRES DALTON

479

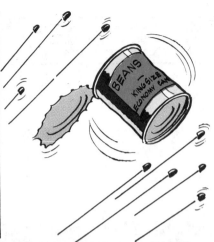

ÇÀ PAR EXEMPLE !!!...

?

SI JE BUVAIS DE L'ALCOOL, JE POURRAIS AVOIR DES VISIONS DÉSAGRÉABLES, MAIS PAS AVEC DU COCA-COLA TOUT DE MÊME !...

??

TU NOUS RECONNAIS, COW-BOY ? NOUS SOMMES LES DALTON, COUSINS DES DALTON !...

FAIS TES PRIÈRES ET VIDE TON COCA ! CE SERA TON DERNIER ! ON EST VENUS RÉGLER UN VIEUX COMPTE !

SLURRP

BURRP...

...PARDON !

LA MÊME CHOSE BARMAN !...

CECI LES RANIMERA EN MOINS DE DEUX !...

MAIS POURQUOI FAIRE ?!!

ÇA VA MIEUX, MON PAUVRE AMI ?...

GRRRR...

NOUS NOUS REVERRONS, COW-BOY !...

JE L'ESPÈRE BIEN ! C'EST AMUSANT...

NOUS ALLONS LUI MONTRER DE QUEL BOIS NOUS NOUS CHAUFFONS... CETTE FOIS-CI, NOUS ÉTIONS EN INFÉRIORITÉ NUMÉRIQUE...

OH ! REGARDEZ...

LA DILIGENCE VA PARTIR... NOUS ALLONS LUI TENDRE UNE EMBUSCADE...

...CE SERA UNE BONNE CHOSE POUR COMMENCER À SE FAIRE CONNAÎTRE !...

ENFIN, RIEN N'EST PERDU! LA DILIGENCE REPASSERA TOUT À L'HEURE EN REVENANT DE GOLD-CREEK, LA VILLE MINIÈRE! ELLE TRANSPORTERA SÛREMENT UN CHARGEMENT D'OR!...

HO... HISSE!

JETTE CE CHARGEMENT D'OR QUI EST DERRIÈRE TOI, POSTILLON, ET PAS DE FAUX GESTE! SINON GARE AUX PRUNEAUX.

OUAIS!

PAN

PAN PAN PAN

ET MAINTENANT DISPARAISSEZ!

QUEL POIDS! NOUS SOMMES RICHES!

OUVREZ VOS POCHES! NOUS ALLONS FAIRE LE PARTAGE TOUT DE SUITE!

DES BIBLES, DES LIVRES DE PRIÈRES ET DES IMAGES PIEUSES! ON A ÉTÉ EUS!!

484

C'EST LOUPÉ!

BAH! NOUS AVONS TOUT DE MÊME UN LOT DE BELLES BIBLES...

SI SEULEMENT ON SAVAIT LIRE...

À MON AVIS NOUS NE SOMMES PAS ENCORE PRÊTS POUR LES GRANDES AFFAIRES... IL NOUS FAUDRAIT UN ENTRAÎNEMENT DE BASE, COMMENCER PAR QUELQUE CHOSE DE FACILE...

NOUS ALLONS NOUS ATTAQUER AUX FERMES ISOLÉES..

TENEZ, EN VOILÀ UNE!!

NOUS SEMONS LA PANIQUE SUR NOTRE PASSAGE...

OUI... LÀ OÙ NOUS PASSONS SE FAIT LE DÉSERT...

CLONK!

MAMAN! VOILÀ DU MONDE!

AH!.. MAINTENANT ON VA VOIR DE QUEL BOIS NOUS NOUS CHAUFFONS!

QU'EST-CE QUE C'EST?

QUELQUES SEMAINES PLUS TARD, DANS UNE PETITE FERME ISOLÉE DE L'ARIZONA...

LE RÉVEIL EST DONNÉ DE BONNE HEURE...

DEBOUT, LÀ-DEDANS!

COCORICO?!?...

1.002...
1.003...
1.004...

RIEN N'EST NÉGLIGÉ : LE TIR...

MOUCHE! J'AI FAIT MOUCHE! VENEZ VOIR! J'AI FAIT MOUCHE!

...ET MÊME DES EXERCICES EN MINES SINISTRES, SE BASANT SUR LES PHOTOS DE LEURS COUSINS...

GRR...
GRR...
GRR...
GRR...

LA NOURRITURE EST SAINE...

ÉPINARDS   YAOURT   VIANDE GRILLÉE   CAROTTES CRUES

...EN SOMME UNE VIE RÉGLÉE OÙ L'ON SE COUCHE AVANT MÊME QUE LE SOLEIL NE LE FASSE...

RRR...
SSS...
RRR...

MORRIS 48?

J'AI UNE IDÉE!... NOUS ALLONS ASSIÉGER LA VILLE!...

ASSIÉGER LA VILLE?
ASSIÉGER LA VILLE?

JE VAIS VOUS EXPLIQUER...

C'EST BIEN SIMPLE! MOI, JE MONTE LA GARDE AU NORD DE LA VILLE, WILLIAM A' L'EST, JACK AU SUD ET AVERELL A' L'OUEST!

EN EFFET, LES DALTON SE POSTENT À CHACUNE DES QUATRE ENTRÉES DE KILLER GULCH, OÙ SE TROUVE NOTRE AMI LUCKY LUKE...

PERSONNE NE SORT DE LA VILLE...

ALORS, ON Y VA?

MAIS NON, TU VOIS BIEN QU'IL EST ARMÉ...

ET POUR CE QUI EST D'Y ENTRER, IL Y A DES FORMALITÉS...

RIEN À DÉCLARER?

ÇA VA, PASSEZ...

LES ASSIÉGEANTS PROSPÈRENT...

TANDIS QUE CHEZ LES ASSIÉGÉS...

RESTAURANT

Menu
PLAT DU JOUR
pas de
plat du jour

...LA FAMINE SE FAIT SENTIR...

494

18

LES QUELQUES DENRÉES ENCORE EXISTANTES À KILLER GULCH SE FONT RARES...

PST...

?

UN ŒUF... DEUX DOLLARS... ÇA VA ?...

C'EST CHER, MAIS ÇA VA !..

AFFAMEUR !...

UN ŒUF... CINQ DOLLARS... ÇA VA ?..

C'EST CHER, MAIS ÇA VA...

UN ---

???

CHÎP

UN POULET ... VINGT DOLLARS...

C'EST CHER, MAIS ÇA VA !..

LES GENS MANGENT LEURS CHEVAUX....

CE CHEVAL N'ÉTAIT PAS MAUVAIS, MAIS LA SELLE ÉTAIT UN PEU DURE...

CURES

Rheumatism, Sciatica, Lumbago, Muscular Aches and Stiffness, Cramps, Sprains, Stiffness, Bruises, Cuts, Calluses, Burns, Scalds, &c and rapidly heals all Wounds and Skin Abrasions.

CE SOIR
RÉUNION PUBLIQUE
AU SALOON
POUR DISCUTER LA
GRAVE SITUATION
DE KILLER GULCH
Venez nombreux
Ne venez pas armés
LA MUNICIPALITÉ

MEDICINE. WORSDELL'S Pills.

ET CE SOIR-LÀ ---

LES DALTON VEULENT LUCKY LUKE; QU'ON LEUR DONNE LUCKY LUKE !

OUAIS ! NOUS NE POUVONS PLUS TENIR !

C'EST LUCKY LUKE OU NOUS !

D'ACCORD, D'ACCORD ! POUR LE BIEN DE LA COMMUNAUTÉ, J'ACCEPTE DE ME RENDRE AUX DALTON !

LUCKY LUKE, NOUS AVONS UNE PROPOSITION À TE FAIRE...

OUBLIONS LE PASSÉ ET JOINS-TOI À NOUS POUR ÉCUMER LE PAYS! AVEC TON EXPÉRIENCE ET NOTRE NOM, NOUS FORMONS UNE COMBINAISON FORMIDABLE!

HMM... JE N'AI PAS LE CHOIX... PUIS EN ACCEPTANT, ÇA ME PERMETTRA DE LES TENIR À L'ŒIL ET DE LES EMPÊCHER DE FAIRE DU VILAIN...

YOUP-PEEE!...

D'ACCORD! J'ACCEPTE...

LES CINQ HOMMES PARTENT VERS LA ROUTE DU CRIME... MAIS PERSONNE N'OSE TOURNER LE DOS AUX AUTRES...

..LA MÉFIANCE EST EXTRÊME...

COUPE-MOI LA VIANDE, LUCKY LUKE.. J'AI BESOIN DE MA MAIN POUR LA POSER SUR MON REVOLVER...

BON! MAINTENANT, AU TRAVAIL! NOUS NE SOMMES PAS LOIN DE LA LIGNE DE CHEMIN DE FER... NOUS ALLONS ATTAQUER UN TRAIN!...

LAISSEZ-MOI ALLER EN RECONNAISSANCE... JE CONNAIS CETTE VOIE, J'AI AIDÉ À LA CONSTRUIRE...

-Morris-

SI MES SOUVENIRS SONT EXACTS... ON VA RIRE!...

498

PEU APRÈS...

ÇA Y EST, LES GARS! J'AI TROUVÉ UN ENDROIT IDÉAL POUR UNE EMBUSCADE!...

C'EST ICI... IL SUFFIRA DE BARRICADER LA SORTIE DU TUNNEL AVEC DES TRONCS D'ARBRES POUR ARRÊTER LE TRAIN...

ALLEZ-Y, GARÇONS! MOI, JE MONTE SUR LA COLLINE POUR FAIRE LE GUET...

ET VOILÀ L'AUTRE BOUT DU TUNNEL... HEUREUSEMENT QUE JE ME SUIS SOUVENU QUE CE TRONÇON DE VOIE ÉTAIT ABANDONNÉ...

CES PAUVRES DALTON QUI TRAVAILLENT COMME DES MULES PAR CE TEMPS MAGNIFIQUE...

LUKE! TU PEUX VENIR! ON A FINI LA BARRICADE!!

C'EST LONG À VENIR, CE TRAIN...

JE VAIS ÉCOUTER SI UN TRAIN ARRIVE...

J'ENTENDS UN BRUIT DE PAS.....

ALORS, CE N'EST SÛREMENT PAS UN RAPIDE...

QUE FAIS-TU LÀ ?

J'EN SUIS À MES DÉBUTS COMME CLOCHARD.... JE FAIS MON APPRENTISSAGE SUR CE TRONÇON DE VOIE DÉSAFFECTÉ---

DÉSAFFECTÉ ???

AÏE AÏE AÏE ! ÇA SE GÂTE !

MES AMIS, RESTONS CALMES ! TOUT LE MONDE PEUT FAIRE UNE ERREUR ! ERREUR QUE JE REGRETTE DÉJÀ ...

HMM !

ALORS, ON TIRE ?..

NOUS ALLONS TE DONNER UNE DERNIÈRE CHANCE, LUKE ---

AH ! BON !

NOUS NE SOMMES PAS LOIN DE LA VILLE DE DEAD MAN GULCH ! IL Y A SÛREMENT UNE BANQUE LÀ-BAS ... LUCKY LUKE, VA VOIR SI NOUS POUVONS L'ATTAQUER...

TA TOUTE DERNIÈRE CHANCE, LUKE, SOUVIENS-TOI !

ON L'ATTAQUERA, CETTE BANQUE, JOE DALTON !

DEAD MAN GULCH

QUE LES BANDITS AILLENT SE FAIRE PENDRE AILLEURS S'ILS NE VEULENT PAS SE FAIRE PENDRE CHEZ NOUS!

DEAD MAN GULCH BANK
ASBESTOS.C.CAVEN'AUGH
— DIRECTEUR

VOILÀ DE QUOI IL S'AGIT, MONSIEUR CAVENAUGH, JE DIRIGE UNE TROUPE THÉÂTRALE...

APPELEZ-MOI ASBESTOS, MON AMI, J'AIME LE THÉÂTRE...

NOUS ALLONS RECONSTITUER UNE ATTAQUE DE BANQUE...NOUS ALLONS METTRE DES CAILLOUX DANS DES SACS POUR SIMULER L'OR... C'EST UNE RÉPÉTITON EN SOMME, ASBESTOS..

QUELLE IDÉE AMUSANTE!! J'ADORE LE THÉÂTRE! JE ME PRÊTERAI AVEC JOIE À CETTE RECONSTITUTION!...

MON PÈRE A INSISTÉ POUR QUE JE SOIS DIRECTEUR DE BANQUE... MOI, JE VOULAIS ÊTRE ACTEUR... ASBESTOS C. CAVENAUGH, GRANDE VEDETTE...

J'AI EU DE LA VEINE DE TOMBER SUR UN AMATEUR DE THÉÂTRE... ÇA M'A ÉVITÉ DES EXPLICATIONS..

ALLONS-Y, GARÇONS, C'EST PRÊT!

DEAD MAN GULCH NOUS ATTEND!..

OUAIS!

OUAIS!

OUAIS!

MOI, VOUS DIREZ CE QUE VOUS VOUDREZ, MAIS JE ME MÉFIE...

MORRIS

25

DEAD MAN GULCH
BANK
CAVENAUGH

C'EST ICI...

ALLONS-Y!

QUE PERSONNE NE BOUGE!

AH! VOUS VOILÀ-!--- VOUS ÊTES TRÈS BIEN, VRAIMENT TRÈS BIEN!...

HIHI! HAHA!

IL M'ÉNERVE, CELUI-LÀ! IL NE PEUT PAS AVOIR PEUR COMME TOUT LE MONDE ?---

DÉPÊCHONS... DÉPÊCHONS!...

BRAVO! BRAVO!

IL APPLAUDIT DU TRAVAIL BIEN FAIT.!!

MAIS ?!...

DEMANDEZ LE "DEAD MAN GULCH EPITAPH," NUMÉRO SPÉCIAL!

PSSIT!

CE N'EST PAS LE MOMENT DE LIRE LE JOURNAL!

NOVEMBER.

Dead Man Gulch Epitaph.

EXTRA   Gardner Cowles, Editor

Address all Subscription Mail to Publisher

LES DALTON ET LUCKY DÉVALISENT LA BANQUE DEAD MAN GUL..

Plus terribles que les anciens Dalton!

ELLES VONT VITE, LES NOUVELLES DANS CE PAYS!...

DEAD MAN GULCH EST TRÈS À LA PAGE!...

PENDANT CE TEMPS, DANS LA RÉDACTION DU "DEAD MAN GULCH EPITAPH!..."

DRÔLE D'IDÉE DE CE LUCKY LUKE DE FAIRE IMPRIMER UN EXEMPLAIRE SPÉCIAL. MAIS IL PAIE BIEN---

-Morris.

BON! AVANT DE REPARTIR EN EXPÉDITION, NOUS ALLONS DÉTERRER LE BUTIN... IL Y EN A BEAUCOUP...

J'AI COLLÉ ICI TOUS LES ARTICLES OÙ ON PARLE DE NOUS... ÇA NOUS FERA DES SOUVENIRS...

AÏE AÏE... JE CROIS QUE LE MOMENT EST VENU DE M'EN ALLER...

TU T'EN VAS?..

OUI, JE VAIS FAIRE UN TOUR... JE REVIENDRAI POUR MA PART DU BUTIN...

TRA LA LA LÈRE... A' NOUS LE BUTIN!!

PROFITONS-EN POUR DÉGUERPIR AVEC LE BUTIN...

JOE, TU ES MERVEILLEUX! TU ES LE PIRE DE NOUS TOUS!

MAIS?.. MAIS ??.. MAIS ??? !!! ....

DES CAILLOUX!... DE VIEUX PAPIERS!... UNE INVITATION POUR LE BAL DE LA POLICE!... DES CHROMOS DE CHOCOLAT "X..!...

NOUS AVONS ÉTÉ EUS, EUS... EUS!!!...

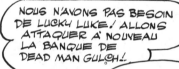

ALLONS AU SALOON! CECI DEMANDE UNE VENGEANCE EXEMPLAIRE!

NOUS ALLONS NOUS SÉPARER POUR AVOIR PLUS DE CHANCES DE RETROUVER LUCKY LUKE ET NOUS VENGER DE LUI!... AVERELL IRA VERS L'OUEST, À FRIGHTFUL GULCH, WILLIAM VERS LE NORD, À KILLER GULCH, JACK VERS L'EST, À DEAD MAN GULCH, ET MOI VERS LE SUD, À COYOTE GULCH...

UN POUR TOUS, ET TOUS CONTRE LUCKY LUKE!!

CLINK! CLINK! CLINK! CLINK!

LE PREMIER QUI RÉUSSIT À AVOIR LUCKY LUKE PRÉVIENT LES AUTRES...

JE L'AURAI PAR MON HABILETÉ AUX ARMES...

JE L'AURAI PAR LA RUSE

KILLER GULCH 10 milles pour y aller très peu en revenant

DEAD MAN GULCH et à 15 milles d'ici, mais tu peux encore réfléchir

FRIGHTFUL GULCH Si tu es assez fou pour y aller, voyageur tu as encore 5 milles à faire

COYOTE GULCH 20 milles (jusqu'au cimetière)

JE L'AURAI PAR LA FORCE...

MOI, JE L'AURAI TOUT SIMPLEMENT PAR LA HAINE...

TEL UN OISEAU DE PROIE, AVERELL DALTON SE PRÉSENTE À L'HÔTEL DE FRIGHTFUL GULCH...

VOUS N'AURIEZ PAS UN NOMMÉ LUCKY LUKE DANS VOTRE HÔTEL ?...

OUI, JUSTEMENT MR. LUKE EST ARRIVÉ HIER.

ENVOYEZ CES TROIS TÉLÉGRAMMES. MOI, JE MONTE DANS MA CHAMBRE ...

OUI, MONSIEUR

WESTERN UNION TELEGRAPH Cº

Jo Dalton
Coyote Gulch Hôtel
Coyote Gulch.

Ai trouvé Luke stop
Lui fais son affaire
stop vous rejoins stop
Averell

OOOOOH!

OOOOH!... MOI, J'AI BESOIN D'UN VERRE!

HÔTEL   SALC

SALUT, JONES!

DONNE-MOI UN VERRE! VITE!...

UN DES DALTON SE TROUVE DANS MON HÔTEL! IL CHERCHE LUCKY LUKE !... JE CROIS QUE JE VAIS VENDRE MON HÔTEL... PARTIR ... LOIN...

VOUS AVEZ BIEN DIT UN DALTON ?

SALUT, LUCKY LUKE!

GLP...

J'AI DÉCIDÉ DE T'AVOIR PAR LA FORCE, LUKE... LAISSE TES ARMES ET BATS-TOI COMME UN HOMME...!

MESSIEURS, JE VOUS EN PRIE! VOUS ALLEZ TOUT CASSER!

QUE SE PASSE-T-IL?

UNE BAGARRE. MIEUX VAUT NE PAS S'EN MÊLER...

MA VITRE!

CLOPS

HI HI HI!...

TU TROUVES ÇA DRÔLE?

MESSIEURS! JE FAIS UN ULTIME APPEL AU CALME!

QUE SE PASSE-T-IL?

UNE BAGARRE...

IL COMMENCE À SE FAIRE TARD... ON PREND UN VERRE?...

D'ACCORD!

ILS ONT TOUT CASSÉ!... TOUT, SAUF LE MIROIR...

CRAC

RENDEZ-VOUS DEMAIN MATIN POUR CONTINUER ÇA... O.K. ?...

O.K...

509

HIHI! HOHO!

MAIS LAISSE-MOI ENLEVER CET ACCOUTREMENT RIDICULE!...

NON, NON... UNE PRÉSENCE FÉMININE NOUS RAPPELLERA LES JOIES DU FOYER...

ET MAINTENANT, ALLONS TROUVER LE RESTANT DE LA PETITE FAMILLE...

JACK T'ATTEND À DEAD MAN GULCH... ET IL TIRE COMME L'ÉCLAIR!...

OUAIS... IL A JURÉ SUR UNE PILE DE BIBLES QU'IL AURAIT TA PEAU!...

OUAIS... UNE PEAU COMME UNE PASSOIRE...

OUAIS!... TU SERAS FROID AVANT D'AVOIR EU LE TEMPS DE DÉGAINER, LUKE!...

OUAIS... SES PILULES TE GUÉRIRONT D'UNE SALE HABITUDE... L'HABITUDE DE RESPIRER!

OUAIS... PAS LA PEINE DE RETENIR UNE CHAMBRE À L'HÔTEL... TU DORMIRAS AU CIMETIÈRE...

OUAIS... ET D'UN SOMMEIL DE PLOMB, HÉHÉ...

OUAIS... "CI-GÎT LUCKY LUKE, MORT LES BOTTES AUX PIEDS, POUR AVOIR FOURRÉ SON NEZ OÙ IL NE FALLAIT PAS"!...

OUAIS... CHAQUE ANNÉE NOUS IRONS FLEURIR TA TOMBE...

HÉ, LUKE! CHASSE DONC CETTE MOUCHE!... ELLE ME CHATOUILLE ATROCEMENT...

PAN!

À VOTRE SERVICE...

DEAD MAN GULCH

513

DEAD MAN GULCH EST EN EFFER-VESCENCE, CAR UN ÉTRANGE...

PAN!

..VISITEUR FAIT DES SIENNES EN TIRANT DES COUPS DE REVOLVER PARTOUT...

CLOPS..

C'EST MALIN! C'EST SPIRITUEL!!

ALLUMER UN CIGARE EST DEVENU UNE GAGEURE...

LE CINQUIÈME AUJOURD'HUI!..

PAN!

ALLER CHERCHER DE L'EAU EST DE LA FOLIE...

PAN PAN PAN!

LES CITOYENS DE DEAD MAN GULCH SONT EXCÉDÉS...

PAN! PAN PAN!

MAIS LA TERREUR FAIT VIDER LES RUES...

ET JACK DALTON JUBILE ___.

HAHA, LUCKY LUKE, JE T'ATTENDS DE PIED FERME! JE ME SUIS BIEN EXERCÉ!..

CAL. 45

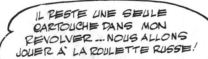

42

PRINTED IN BELGIUM BY

proost
INTERNATIONAL BOOK PRODUCTION

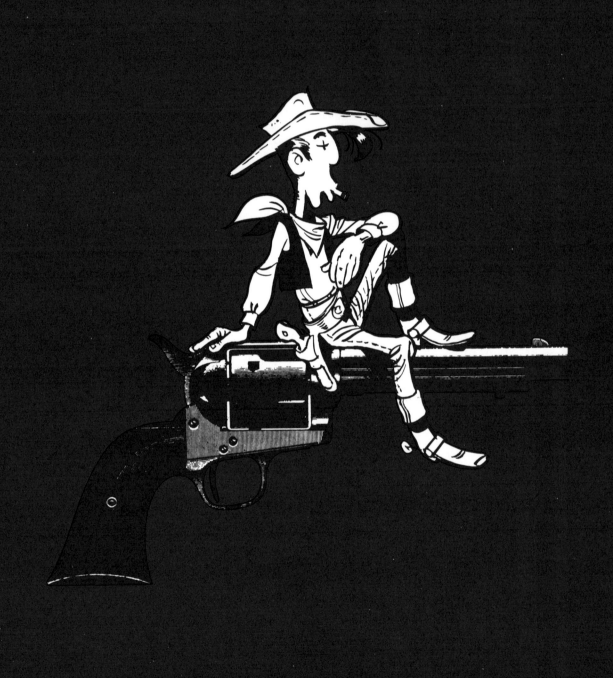